PLAIDOYER

EN FAVEUR

DU DIVORCE

PAR UNE FEMME

E. DENTU, ÉDITEUR

LIBRAIRE DE LA SOCIÉTÉ DES GENS DE LETTRES

PALAIS-ROYAL, 15, 17, 19, GALERIE D'ORLÉANS

—

1876

PLAIDOYER

EN FAVEUR

DU DIVORCE

PARIS

IMPRIMERIE BALITOUT, QUESTROY ET Ce

7, rue Baillif et rue de Valois, 18

PLAIDOYER

EN FAVEUR

DU DIVORCE

PAR UNE FEMME

E. DENTU, ÉDITEUR
LIBRAIRE DE LA SOCIÉTÉ DES GENS DE LETTRES
PALAIS-ROYAL, 15, 17, 19, GALERIE D'ORLÉANS

1876

Tous droits réservés.

La loi du divorce est éminemment morale, elle sépare l'ivraie du bon grain.

Elle donne à l'adultère une solution moins barbare et plus conforme au sens moral que celle préconisée par M. Alexandre Dumas fils dans *la Femme de Claude,* un coup de fusil à la femme, une poignée de main à l'amant et complice.

Elle est essentiellement républicaine, car elle consacre le plus grand et le plus précieux de tous les droits, celui que les citoyens américain ont inscrit en lettres d'or sur leur Constitution :

Le droit au bonheur.

UNE FEMME.

Voici les dix-sept arguments qui doivent être invoqués en faveur du divorce.

PLAIDOYER

EN FAVEUR

DU DIVORCE

———·——+─★─+———

1er argument. — Le sort fait aux époux depuis 1816 n'est pas un simple retour vers l'état de choses existant avant septembre 1792, c'est un sort nouveau qui attente à la plus sacrée des libertés, la liberté personnelle, et qui crée une situation intolérable aux époux ; cet état de choses arbitraire et imprudent a eu les plus déplorables résultats, comme nous le verrons.

Quelques mots sur l'histoire du mariage vont prouver ma première assertion : — Jusqu'au huitième siècle de notre ère et, quoique les Francs-Saxons, les Francs-Saliens, les Ripuaires, les Wisigoths et les Burgondes, eussent déjà et depuis fort longtemps adopté le christianisme, le mariage n'était considéré que comme un acte privé, dans lequel ni l'État, ni la religion n'avaient à intervenir; si parfois les prêtres assistaient à des mariages, ce n'était que lorsque les conjoints étaient haut placés. Le clergé par sa présence faisait tout simplement acte de politesse; le divorce existait à l'état d'institution permanente chez tous les Germains, comme nous l'apprend le *Corpus juris Germanici antiqui*, et l'Eglise ne se reconnaissait ni le droit de blâmer, ni celui de louer.

Mais, vers le huitième siècle, l'Eglise a jugé à propos de faire d'un acte privé un acte religieux, elle a fait du mariage un sacrement; ceci était de la bonne administration : la cérémonie du mariage n'étant point faite gratuitement.

Cependant elle a compris que le droit de rejeter du foyer domestique l'épouse indigne et le droit de choisir une autre compagne, étaient deux droits auxquels les hommes ne renonceraient jamais, ou, tout au moins, très difficilement; et elle a remplacé le divorce par dix-sept cas reconnus par elle comme donnant droit à la dissolution du mariage ou à son annulation. Le mot seul était changé, et de fait elle accordait le droit de briser une union mal assortie.

Ces dix-sept cas comprenaient tous ceux qui peuvent rendre la vie maritale insupportable à l'un des époux.

L'Eglise avait adopté une épreuve aussi ab-

surde qu'indécente : c'était pour le cas d'impuissance; le mari accusé devait se défendre et
donner des preuves du contraire en présence d'un
tribunal ecclésiastique. S'il n'y parvenait pas,
son mariage était cassé et sa femme avait le droit
d'en contracter un second.

Le cas d'indignité, celui de mort civile de l'un
des époux amenaient aussi la dissolution du
mariage.

En 1792, le mariage civil est institué, et le divorce rétabli, le mariage religieux se trouve
réduit à une simple formalité qui doit consacrer
le mariage réel et indissoluble, il ne peut se faire
qu'après la célébration du premier.

En 1816, le divorce est abrogé, purement et
simplement, sans qu'on songe à adopter dans le
Code les dix-sept cas de nullité de mariage reconnus jadis par l'Église.

Voilà donc une situation nouvelle faite en
France aux époux, un esclavage, que l'antiquité
même n'avait point inventé, qu'on leur impose;
la loi leur dit : la mort seule d'un de vous deux
peut dissoudre l'union que vous venez de contracter; indignité, mort civile d'un des époux,
abandon, injures graves, adultère, rien ne pourra
donner le droit à celui d'entre vous qui sera
le lésé de chercher une union plus digne de
lui.

Voilà le crime et l'innocence unis pour la vie, la vertu indissolublement liée au vice.

Peut-on appeler cela un progrès ?

N'est-ce pas le comble de l'immoralité ! Cette imprudence devait produire une grande démoralisation, un relâchement condamnable dans les mœurs, et c'est ce qui est arrivé. L'homme qui a le malheur de ne pouvoir ni aimer ni estimer sa femme, et qui se voit lié à elle pour la vie, a pris son foyer domestique en aversion ; il passe une partie de son temps au cercle, au café, et l'autre partie chez la femme de la main gauche qu'il a choisie selon son cœur. Des enfants naissent de ces unions illicites, les enfants bâtards deviennent légion. D'un autre côté, ces ménages en partie double ruinent les hommes, et parfois les enfants légitimes sont les victimes de ce triste état de choses.

L'institution du mariage y a perdu de son caractère digne et sacré ; on en a fait une sorte de loterie. Les rares gagnants sont seuls les élus du bonheur de la vie de famille ; pour les nombreux perdants, le mariage est devenu un bagne à perpétuité ; les jeunes gens reculent devant cette institution, ils gaspillent leur cœur, leur sève et leur fortune dans les boudoirs des courtisanes ; ils ne se marient que ruinés d'illusions, de jeunesse et d'argent ; ils font un

mariage d'argent. une sorte d'association hon-
teuse.

Les femmes ont appris de par la loi à se donner
sans amour à des maris qu'elles détestent ou
qu'elles méprisent ; ce chemin les a menées à la
prostitution : les unes s'y livrent avec mesure et
en conservant les apparences, les autres sans
vergogne.

Le femme habituée à se donner, sans cette
estime, cette tendresse réciproque qui sanctifient
l'amour et en font une chose sainte et honorable,
pourra-t-elle résister lorsque son cœur l'en-
traînera ?

La femme vraiment vertueuse est celle qui
préférera la mort plutôt que d'être à l'homme
qu'elle ne peut estimer ; cette femme-là, mariée
à un homme débauché, démoralisé ou malhonnête
que devient-elle dans le mariage tel qu'on l'a fait
depuis 1816 ?

La femme a besoin d'aimer, d'être aimée, elle
est née pour être épouse et mère ; si elle se voit
délaissée par son mari, elle aime d'un amour
coupable et l'adultère odieux désole notre société
et y jette des perturbations déplorables. Les résultats, on le voit, sont désastreux, et la sagesse
veut que l'on apporte un prompt remède à cet
état de choses.

2ᵉ argument. — Les législateurs, dans leur sagesse, doivent se préoccuper de protéger l'honneur, la vertu et l'intégrité. Lorsqu'un homme honnête est marié à une femme ayant de mauvais instincts, et commettant des actions de nature à déshonorer son nom, est-il juste et équitable que cet homme reste lié à cette femme !

De quel droit une loi peut-elle lui imposer ce supplice ? Si ses mauvais instincts, sans pousser cette femme à des actions coupables aux yeux de la loi, inspirent cependant à son époux une répulsion morale, un mépris insurmontable, cet homme ne peut même en ce cas obtenir la séparation, et il doit se résigner à faire de cette femme la compagne de sa vie, et ce qui est pis encore, la mère de ses enfants... et alors une pensée terrible lui torturera le cœur, il se dira : Si nos enfants allaient ressembler moralement à leur mère !

Que ce malheur lui arrive, voilà un homme réduit à ne trouver qu'amertume et déception, même dans la paternité.

Le mal est contagieux, on doit le séparer du bien ; la loi qui le lie au mal n'est ni bonne, ni morale.

Ce que je dis pour l'homme, je le dis pour la femme, avec cette circonstance importante que, l'autorité étant du côté du mari, si c'est lui qui est pervers, la loi rend la vertu soumise au vice, la probité à l'improbité. Au contact du vice, la vertu n'a qu'à perdre.

Les lois qui condamnent les malfaiteurs à la prison ont bien pour but de punir le crime, mais elles ont surtout le but moral de préserver les gens honnêtes du contact pernicieux et contagieux des gens déshonnêtes. Seule, la loi du mariage condamne, depuis 1816, la vertu à subir le vice pour compagnon, sans s'apercevoir qu'elle amène ainsi la démoralisation et que la gangrène se communique.

3ᵉ argument. — La race française se rabougrit et s'étiole. A vingt-cinq ans la majorité de nos jeunes gens ne sont plus que des vieillards précoces, et ceux qui assistent aux conseils de révision pourront vous affirmer qu'au physique le Français est dans une décadence complète. Je ne crains pas d'affirmer que ce dépérissement de l'espèce humaine en France tient à deux causes qui ne sont que des conséquences de l'abrogation du divorce, et je vais vous le prouver. Un homme a cru épouser une jeune fille saine et robuste, une fois marié il s'aperçoit, par exemple, que sa femme a les humeurs froides. Avant 1792, il aurait pu faire casser son mariage, à présent votre loi lui ôte cette ressource; il doit rester lié pour la vie à cette femme.... et le voilà condamné à devenir le père d'enfants scrofuleux.

Si sa femme est poitrinaire, il devra donner le jour à de pauvres êtres atteints de cette maladie.

Il en est de même pour la femme, si elle a ignoré que ce brillant futur, qu'elle a accepté, dissimulait quelques maladies répugnantes et héréditaires; elle doit pourtant remplir ses devoirs, et donner la vie à de malheureux enfants, qui seront ces pâles et étiques petits crevés que nous connaissons.

Enfin, il est une loi de la nature qui veut que, pour procréer des enfants robustes et sains, le mari et la femme vivent heureux, dans une tendresse réciproque.

Avec ces sortes de mariages, enchaînant des êtres qui se détestent, les rejetons sont chétifs et malingres; aussi le proverbe dit : Beau comme un enfant de l'amour; c'est-à-dire beau et robuste comme celui qui est né de l'amour, et non d'une sorte de prostitution légale.

Avec le divorce, qui rétablira l'institution du mariage dans sa grandeur et dans sa dignité, et qui ne liera que des êtres s'estimant et s'aimant, vous détruisez l'adultère, et vous améliorez la race humaine au moral et au physique.

4e argument. — Si la loi disait : qu'une fois un acte de société signé, les associés ne peuvent plus, quoi qu'il arrive et viendraient-ils à se haïr mortellement, dissoudre l'association, y aurait-il des hommes assez imprudents pour signer un acte de société ?

Forcer deux êtres qui en sont arrivés à se détester et à se mépriser, à vivre dans l'intimité la plus complète, à avoir tous leurs intérêts unis, n'est-ce point amener des scènes affreuses entre ces deux êtres, et n'est-ce point pousser les plus mauvais ou les plus violents à commettre un crime, afin d'arriver à briser une chaîne qui leur est devenue insupportable ?

Lisez les journaux judiciaires et vous serez épouvanté du nombre toujours croissant de maris qui tuent leur femme et de femmes qui empoisonnent leur mari. Les lois doivent être répressives, mais elles ont encore le devoir d'être protectrices et prévoyantes; elles doivent tendre sans cesse à faire disparaître les causes d'immoralité et de crimes.

Les lois sur le mariage depuis 1816 sont responsables du nombre toujours augmentant de crimes, de l'immoralité et de la prostitution affligeant nos regards; et aussi de cette légion d'enfants bâtards; enfin elles sont les seules responsables du discrédit dans lequel est tombé la plus sainte et la plus sage des institutions, celle du mariage.

5e argument. — En supprimant le divorce, le Code a admis la séparation de corps et de biens; elle a ainsi remplacé une loi prudente, morale, qui protégeait la vertu contre le vice, qui permettait à chacun de se créer une famille selon son cœur, par une loi éminemment démoralisatrice et d'une rare imprévoyance. Voici les principaux arguments, et ils sont irréfutables, qu'on doit invoquer contre le système de la **séparation** judiciaire.

6e argument. — Ici, je vais raisonner au moyen d'exemples; des milliers se présentent à mon esprit, je n'ai qu'à choisir dans le tas. Un médecin célèbre, mort aujourd'hui, sentant qu'il était né pour cette vie calme et heureuse du foyer domestique, où l'homme se repose des ennuis et des travaux de sa carrière auprès d'une épouse affectueuse et bonne, et entouré de chers petits êtres, ses enfants, veut se marier jeune encore; introduit dans une honorable famille, il y voit

une jeune fille, belle, intelligente, qu'il a tout
lieu de croire pure. Il demande sa main et l'obtient, le mariage se célèbre en grande pompe.
Le soir de ses noces, il s'aperçoit que cette jeune
fille sera mère dans cinq mois; furieux il la jette à
la porte de chez lui en costume de nuit, il obtient
une séparation légale; mais voilà un galant
homme, qui aspire à la vie de famille, forcé, par
une faute et une mauvaise foi dont il est bien innocent, de vivre seul, isolé, durant sa vie entière.
La loi le punit d'un crime dont il n'est pas coupable, et ne lui laisse d'autre alternative que de
vivre dans un célibat éternel, ou de se jeter dans
l'immoralité, de prendre une maîtresse et de mettre au monde des enfants qui, un jour, méprise-
ront leur mère et maudiront leur père du sort
qu'il leur a fait.

Notez que cet homme honnête rêvait amour
chaste, pur et conjugal, et le voilà obligé de se
contenter d'un amour impudique et intéressé, car
ce n'est point parmi les femmes chastes et pures
qu'il pourra choisir sa maîtresse, à moins qu'il ne
commette le crime de séduire une innocente jeune
fille.

La loi le force à l'impudeur ou le pousse au
crime, alors que, je le répète, une loi doit être
prévoyante et protectrice. Ce docteur a eu une vie
de regrets et d'amertume; il maudit la loi qui le

condamnait à ne point se créer une famille légitime et il est mort fou.

Un homme dans le commerce, et ayant absolument besoin d'une femme pour l'aider, s'est trompé : il a cru épousé une honnête fille et il a épousé une femme perverse, elle le trompe, le déshonore. Il se désole, son cœur s'emplit de fiel, mais il supporte tout, car il sait que la loi ne lui permettra que la séparation sans lui accorder le droit de prendre une autre compagne plus digne de lui. Sa femme l'abandonne pour se livrer en toute liberté à ses mauvaises passions, le voilà seul, sa maison est mal tenue, il a des enfants qui manquent de soins et de surveillance, car ses affaires le retiennent au dehors. Lui, encore, n'a d'autre remède à ce mal, qu'un mal pire : celui de placer à son foyer une fille, sa maîtresse, et de confier ses enfants à cette personne dégradée, ou de vivre seul, dure extrémité, convenez-en !

Lisez les journaux judiciaires, et vous verrez combien de commerçants, de bons bourgeois, d'honnêtes ouvriers se trouvent dans cette triste situation.

7e argument. — Si la femme a un mari brutal et que les sévices deviennent par trop graves, la loi lui accorde le bénéfice de la séparation.

Si son mari, oubliant toute retenue, introduit sa concubine sous le toit conjugal — la loi accorde à la femme les bénéfices de la séparation.

Mais que deviennent toutes ces femmes séparées ? que deviennent toutes ces femmes abandonnées par leur mari ?

Les voilà seules et inexpérimentées, dans une société dépravée, qui ne cherche qu'à les entourer d'embûches et de piéges afin de les faire faillir ; — souvent elles sont sans ressources, incapables de gagner leur vie et celle de leurs enfants — et ici encore, la loi les laisse sans protection.

8e argument. — Un homme vertueux, intègre, croit être marié à une femme honnête ; — tout à coup cette femme est surprise volant aux magasins du Louvre ou ailleurs, elle va s'asseoir sur les bancs de la police correctionnelle et de là en prison. Cet homme est amené à mépriser sa femme, à la haïr ; mais son temps fini, elle reviendra au foyer conjugal, elle est sa compagne pour la vie entière ! — S'il veut avoir des enfants légi-

times et non des bâtards, il devra leur donner pour
mère cette voleuse.

Le foyer devient un enfer pour cet homme.
La loi lui impose une torture odieuse, alors qu'il
est innocent.

9ᵉ argument. — Une femme intègre, vertueuse, ayant des sentiments élevés, croit avoir
épousé un honnête homme. Un jour, elle s'aperçoit qu'il ne vit que d'escroquerie ; elle doit cependant donner des enfants à cet escroc. Il va en
police correctionnelle pour des faits honteux ;
elle ne peut quitter ce nom qui la salit, elle doit
rester l'épouse de cet homme. Il a toute autorité
sur elle.

Le galérien, son temps fini, vient retrouver sa
femme, et il a sur elle l'autorité absolue que lui
donne la loi ; elle doit donner des enfants à cet
être vil et taré.

La loi, qui impose un supplice moral à un être
innocent, est, à la fois, la plus barbare et la plus
immorale qui ait jamais été inventée.

10ᵉ argument. — L'abrogation du divorce
a-t-elle rétabli la concorde dans les ménages ?

A-t-elle diminué l'adultère ?

A-t-elle eu un effet moralisateur ?

A-t-elle assuré un sort heureux aux enfants nés des unions malheureuses ?

Le nombre des séparations est immense et dans toutes les classes de la société, paysans, ouvriers, financiers, grands seigneurs, il n'est presque pas une famille qui n'ait un parent ou une parente séparée. Cet état de choses force un grand nombre d'hommes et de femmes à vivre dans l'adultère et à mettre au monde des bâtards.

Les républicains et les gouvernements libéraux ont pensé dans les siècles modernes que la loi devait protéger l'homme et la femme qui, dans un moment d'entraînement religieux, avaient fait vœu de chasteté. Ils ont dit: il n'est pas juste que religieuses et moines ne puissent revenir sur ce vœu et se marier, c'est-à-dire céder aux lois de la nature, s'ils viennent à s'apercevoir qu'ils ont trop présumé de leurs forces en renonçant aux joies de l'amour conjugal et à celles de la paternité, et les lois modernes ne reconnaissent plus les vœux perpétuels.

Eh bien ! ces mêmes légistes français ont pourtant la prétention d'imposer la chasteté au mari ou à la femme qui se sont trompés en se mariant. Ces gens-là doivent expier par une vie de célibat, l'erreur innocente d'avoir été trompé.

Cette loi ne laisse au séparé et à l'abandonné d'autre remède au célibat perpétuel que le crime de l'adultère.

De quel droit un législateur peut-il imposer une loi pareille ? Eh quoi ! l'homme veut avoir le droit de vote, celui de réunion, celui de contrôle, et il accepte de n'avoir pas le droit de prendre une épouse honnête et digne et de se créer une famille, alors que les hasards du mariage lui ont été néfastes une première fois !

Ceci est non-seulement arbitraire, mais absurde. L'adultère a augmenté dans des proportions effrayantes depuis 1816 ; tout le monde est d'accord là-dessus. Donc la loi essayée est mauvaise, puisque tels sont ses résultats.

La statistique nous apprend que le nombre des enfants bâtards est immense, les gazettes des tribunaux nous disent que chaque jour on trouve des cadavres de ces pauvres petits êtres.

L'effet de la loi qui rend le mariage indissoluble a donc eu des effets déplorables et démoralisateurs, il n'est que temps de la changer. Maintenant je vais résumer et réfuter les principaux arguments dont certaines personnes se servent pour attaquer le divorce, et on verra que pas un ne mérite qu'on le prenne en sérieuse considération.

11ᵉ argument. — On dit : on abusera du divorce. Eh bien! en établissant le système de la séparation on pourrait d'autant plus craindre cet abus que la séparation, comme je l'ai dit, jette dans l'adultère un homme et une femme. Les législateurs, pour parer à cet inconvénient, ou plutôt pour atténuer le mal, ont entouré la séparation de difficultés; il faut, pour l'obtenir, des raisons graves. Qu'on en fasse autant pour le divorce et, au moins, avec cette institution, la majeure partie des époux désunis, au lieu de se lancer dans des amours illicites, se reconstitueront une vie honorable avec un autre époux.

Et, tout en regrettant que la perfection n'existe pas sur la terre, et qu'on ait à déplorer des mauvais ménages, on appliquera à ce mal un remède moral.

12ᵉ argument. — Le divorce représente-t-il une institution nouvelle, qu'on n'ait pas pu juger dans son fonctionnement? Non, le divorce existe depuis des siècles et à l'état permanent, en Angleterre, en Suisse, en Belgique, en Allemagne, en Pologne, en Russie et en Amérique, et dans ces États le nombre de divorces est moins grand que ne l'est en France le nombre des séparations. La famille n'a eu à subir aucune atteinte fâcheuse et, si le sort des enfants des divorcés est parfois moins enviables que celui des enfants nés dans des ménages unis, il est, en tout cas, moins précaire que celui des enfants des séparés français.

13e argument. — L'argument dont se servent de préférence les ennemis du divorce, c'est précisément le sort fait aux enfants. Eh bien! ne faisons pas ici du sentiment, mais raisonnons selon la loi de la logique. Certes, rien ne serait plus enviable, qu'il n'y eût, de par le monde, que des hommes et des femmes intègres, honnêtes et vertueux, que de bons époux et de bons pères, et qu'il n'existât que des femmes, épouses chastes et mères sages et dévouées. Mais il n'en est pas ainsi ; le monde est un mélange de bon et de mauvais. Il faut raisonner sur ce qui est et non sur ce qui serait désirable. Les lois sont faites pour les coquins et non pour les honnêtes gens. Sans l'existence des premiers, point ne serait besoin de lois.

Donc le coquin existe. La séparation a été acceptée par les législateurs. Voyons, avec cette loi et cet état de choses, quel est le sort fait aux enfants.

Voici un ménage ouvrier : La femme honnête, travailleuse ; le mari brutal, ivrogne, vit dans la paresse, bat et insulte sa femme; les enfants voient cela et ont, dès leur enfance, un bien mauvais exemple sous les yeux. Si les mauvais traitements deviennent intolérables, la femme obtient sa séparation, elle garde ses enfants, elle essaye de travailler pour les nourrir; un jour la misère ou les lois indomptables de la nature font qu'elle prend un amant.

Les enfants, après avoir vu l'ivrognerie, la paresse et la brutalité du père, voient à présent l'adultère de la mère, ils ont à subir la volonté parfois despotique de ce mari de la main gauche, la déconsidération que cette conduite jette sur la mère rejaillit sur eux.

Est-ce là un sort digne et heureux?

Avec le divorce, cette femme aurait trouvé un honnête homme qui l'aurait épousée, les enfants auraient-ils eu plus à souffrir de supporter l'autorité du second mari que de supporter celle de l'amant de leur mère? Non, et leur situation serait en ce cas moins digne de pitié.

Un commerçant se voit abandonné par sa femme. Il lui faut une femme dans sa maison ; ses affaires et sa nature l'exigent. Sans divorce, il est réduit à prendre une maîtresse, fille tarée et sans principes.

Quel est le sort des enfants issus du mariage?

Ne serait-il pas préférable que cette seconde femme fût une fille honnête, qui serait l'épouse légitime du père?

Dans les séparations des gens du monde, qu'arrive-t-il?

Les enfants sont donnés à celui des époux qui n'a eu aucun tort. — Admettons que ce soit le mari ; ces enfants sont élevés par des institutrices ou instituteurs ; ils sont sevrés des soins maternels ; souvent le père ne se gêne pas pour flétrir leur mère devant eux. Si cet homme est jeune, et même s'il ne l'est plus, il ne vit pas dans le célibat ; il prend une maîtresse ; hors de chez lui, si c'est un galant homme. Mais, en grandissant, les enfants finissent par connaître ce ménage de la main gauche. D'un autre côté, à tort ou à raison, le monde parle mal de leur mère ; elle est devenue une femme séparée, déclassée, et serait-elle la vertu même, que nul ne le croirait.

Ces enfants ne voient qu'adultère autour d'eux, et parfois ils en sont réduits à ne plus pouvoir, au fond de leur cœur, estimer ni leur père ni leur mère. Cette dernière, privée de ses enfants, parfois oublie ses devoirs maternels. Elle dit : on me les a enlevés ; c'est au père à faire tout pour eux.—Et celui-ci, qui a quelquefois d'autres

enfants dans son ménage illicite, sent son affec-
tion partagée alors qu'elle ne se porte pas en
entier sur les enfants nés de son adultère.

Si les enfants sont confiés à la mère, le mari
se crée une autre famille, il se désaffectionne de
ses enfants légitimes; ces pauvres petits êtres
n'ont plus de père; — si leur mère est honnête
et vertueuse, elle souffre de cette vie d'isolement
qui lui est faite, elle est calomniée, déclassée; —
ces enfants en sont réduits à souffrir avec leur
mère et à blâmer leur père.

Ce sort-là est-il enviable?

Si la mère n'est point assez forte pour résister
aux entraînements du cœur ou de la chair, ces
enfants sans père n'ont plus pour protecteur
qu'une mère perdue de considération.

Cette même loi, qui a reconnu qu'on ne pou-
vait exiger que le moine et la religieuse n'eussent pas le droit de revenir sur leur vœu de
chasteté, veut cependant, sous peine de crime
puni sévèrement, imposer l'abstinence perpétuelle
à l'homme et à la femme mal mariés!

Elle oublie qu'elle est faite pour de simples
mortels et non pour des anges.

Eh bien! au lieu de séparation, admettons le
divorce, les filles restent avec la mère, les fils
avec le père, et dans le cas d'indignité de l'un des
époux tous sont donnés à celui resté digne. Si

celui-ci est jeune, il se remarie. Les enfants sont-
ils plus à plaindre en ce cas, que si, au lieu d'une
épouse ou d'un époux, leur mère ou leur père vit
avec un amant ou avec une maîtresse?

14e argument. — Pour être logique, ceux
qui protestent contre le divorce à cause du sort qu'il
fait aux enfants, doivent demander une loi qui in-
terdisent le second mariage à l'époux survivant,
car le second mariage fait aux enfants exactement
la même situation que celle que leur fait le divorce.

Cette situation est quelquefois fâcheuse, j'en
conviens, elle ne vaut pas celle faite aux enfants
nés de parents unis, mais en tous cas elle est
digne, morale, et bien préférable à celle que leur
fait la séparation.

De deux maux le législateur doit toujours choisir le moindre.

15e argument. — Le divorce mettra un frein
à la vie déréglée des hommes. Il en est beaucoup
qui, à présent, ne se gênent pas pour mener la
vie de garçon, et, qui, avec le divorce, se di-

ront : Au fond j'aime et j'estime ma femme, j'aime mes enfants, je suis heureux, ce serait folie à moi de m'exposer au divorce, c'est-à-dire à l'effondrement de mon bonheur domestique, et cela pour aller m'amuser à courtiser des femmes que je méprise.

Les femmes, avant de se jeter dans les âcres mais dangereuses douceurs de l'adultère, se diront : Je puis briser ainsi mon bonheur, perdre mes enfants et voir ma place prise au foyer domestique par une autre femme plus vertueuse que moi. Et, croyez-le, plus que la menace d'un coup de poignard ou d'un coup de revolver cette crainte les arrêtera.

Ici, du reste, je ne parle pas par supposition, mais par conviction, conviction que j'ai acquise en étudiant ce qui se passe dans les pays où le divorce existe.

16e argument. — Certains catholiques disent que le divorce est contraire aux lois religieuses.

C'est une erreur, ou bien on joue sur les mots. Comme je l'ai dit, pendant la période de l'existence du seul mariage religieux, l'Église reconnaissait dix-sept cas de nullité de mariage. Si le mot est tout pour quelques personnes, eh bien ! n'établissez pas le divorce, mais adoptez les dix-sept cas de nullité de mariage reconnus jadis par l'Église.

Le résultat sera le même.

Du reste les catholiques doivent savoir que les Pères de l'Eglise n'ont point condamné le divorce comme étant absolument contraire à la religion, puisque leurs avis là-dessus ont été partagés : saint Epiphane s'est prononcé pour, saint Augustin s'est prononcé contre, — et l'opinion de saint Augustin a semblé prévaloir à Rome. Pourtant ce mot — raison d'état — a toujours trouvé Rome disposée à rompre les mariages. — Ce que l'Église a fait en faveur de la politique, elle le fera avec plus d'empressement encore en faveur de la morale.

Il y a plus. Les Polonais, fervents catholiques, ont droit, par une bulle du pape Clément II (1056), au divorce. Au moment où l'infaillibilité du Pape a été proclamée, le haut clergé polonais a envoyé à Rome des délégués pour demander au Pape de maintenir ce privilége, se basant sur la nécessité qu'a le clergé catholique de ne pas laisser le clergé grec-orthodoxe attirer à lui les époux malheureux en ménage. Le Pape a accordé le maintien du droit au divorce ; comment pourrait-on trouver à Rome que ce qui est bien en Pologne est mal en France?

Il est fort peu de grandes familles polonaises dans lesquelles il ne se rencontre pas un cas de divorce.

La Belgique catholique a le divorce inscrit dans sa constitution.

17e argument. — Les impérialistes pourraient-ils ne pas voter pour le divorce?

Napoléon Ier l'a établi en France, le reconnaissant moral et salutaire.

Napoléon III, dans ses *Idées Napoléoniennes*, s'adressant à Louis-Philippe et évoquant les mânes de son grand-oncle, Napoléon Ier, leur fait dire ceci : « Qu'avez vous fait pour le bonheur et la prospérité de la France ! Avez-vous rétabli le divorce, qui seul garantissait l'honneur et la moralité de la famille? »

Le divorce, regardé par l'ex-souverain comme une garantie d'honneur et de moralité, pour cette chose la plus respectable de toutes, pour la famille, trouvera, j'en suis certain, un appui chez les impérialistes.

18e argument. — Les républicains qui nous gouvernent, ces hommes qui se sont faits le champion de toutes les libertés, pourraient-ils refuser au peuple français cette liberté, la plus précieuse comme la plus indiscutable, celle de rechercher le bonheur dans l'amour légitime et conjugal, et pour cela d'avoir le droit de retenter une seconde épreuve lorsqu'ils se sont trompés une première fois?

Pourraient-ils refuser à l'homme lié à une femme vicieuse, le droit de choisir une épouse plus digne, pour en faire la mère de ses enfants?

Imposer aux hommes l'esclavage le plus odieux, celui de rester uni jusqu'à la mort à un être détesté, ne serait-ce pas commettre un abus de pouvoir aussi anti-naturel qu'anti-républicain?

S'il est un droit inaliénable à tout être intelligent et responsable, c'est, à coup sûr, celui de rechercher le bonheur et d'avoir le pouvoir de veiller à son honneur et de rejeter de son foyer l'épouse qui y porte atteinte, pour la remplacer par une plus respectable.

La famille gagnera à cette loi, car elle se constituera sur des bases plus dignes.

Le mariage se relèvera du discrédit dans lequel il est tombé.

L'adultère sera sapé dans ses racines.

Les assassinats entre maris et femmes n'auront plus de raison d'être.

Le nombre des enfants bâtards diminuera, seul l'homme réellement démoralisé vivra dans la honte d'un amour coupable, l'homme honnête n'y sera plus jeté fatalement.

Nos sénateurs et nos députés, en inscrivant cette loi du divorce dans notre code, auront bien mérité de la République.

PARIS

IMPRIMERIE BALITOUT, QUESTROY ET C$^\text{e}$

7, RUE BAILLIF, ET RUE DE VALOIS, 18

www.ingramcontent.com/pod-product-compliance
Lightning Source LLC
LaVergne TN
LVHW021644170726
843501LV00007B/2406